Impressum
Verlag: BABADADA GmbH, Nedderfeld 112 , 22529 Hamburg
Geschäftsführer / Verlagsleitung: Harald Hof
Druck: Books on Demand GmbH, In de Tarpen 42, 22848 Norderstedt

Imprint
Publisher: BABADADA GmbH, Nedderfeld 112 , 22529 Hamburg, Germany
Managing Director / Publishing direction: Harald Hof
Print: Books on Demand GmbH, In de Tarpen 42, 22848 Norderstedt, Germany

sukuu

школа

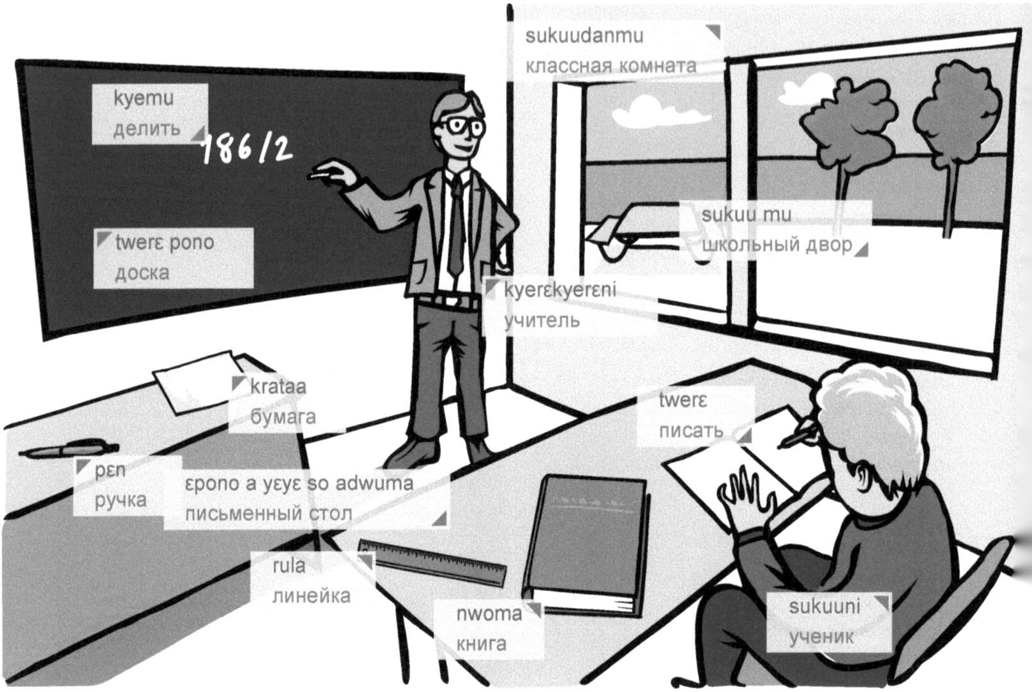
sukuudanmu
классная комната
kyemu
делить
186/2
sukuu mu
школьный двор
twerɛ pono
доска
kyerɛkyerɛni
учитель
krataa
бумага
twerɛ
писать
pɛn
ручка
ɛpono a yɛyɛ so adwuma
письменный стол
rula
линейка
nwoma
книга
sukuuni
ученик

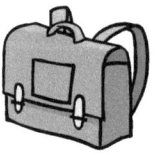

baage
ранец

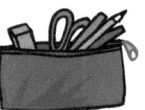

twerɛdua konko
пенал

twerɛdua
карандаш

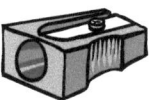

deɛ yɛde sensen twerɛdua ano
точилка

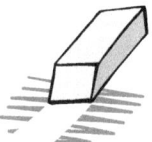

rɔba
ластик

krataa a yɛdwi adeguso
альбом для рисования

adedwie

рисунок

penti brɔhye

кисточка

penti adaka

коробка красок

apasoɔ

ножницы

aman

клей

nwoma a yɛyɛ mu adwuma

тетрадь

efie adwuma

домашняя работа

nɔma

цифра

2+2

kabom

прибавлять

5-2

te fri mu

вычитать

2×2

mmɔho

умножать

sese

считать

A

lɛtɛ

буква

ABCDEFG
HIJKLMN
OPQRSTU
VWXYZ

ntwerɛeɛ

алфавит

hello

asɛmfua

слово

ntwerɛdeɛ

текст

kenkan

читать

kyɔk

мел

adesua

урок

twerɛ wo din

классный журнал

nsɔhwɛ

экзамен

abodinkrataa

диплом

sukuu ataadeɛ

школьная форма

adesua

образование

nyansa nwoma

энциклопедия

suapɔn

университет

maakroskop

микроскоп

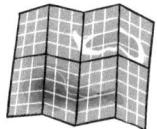

map

карта

**kɛntɛn a yɛde krataa nwura
gu mu**

корзина для бумаг

akwantuo
путешествие

ahɔhogyebea
гостиница
Grand
hostɛl
турбаза
ROOMS
CHANGE
baabi a yɛ sesa sika
пункт обмена валюты
potomanto
чемодан
kaa
автомобиль

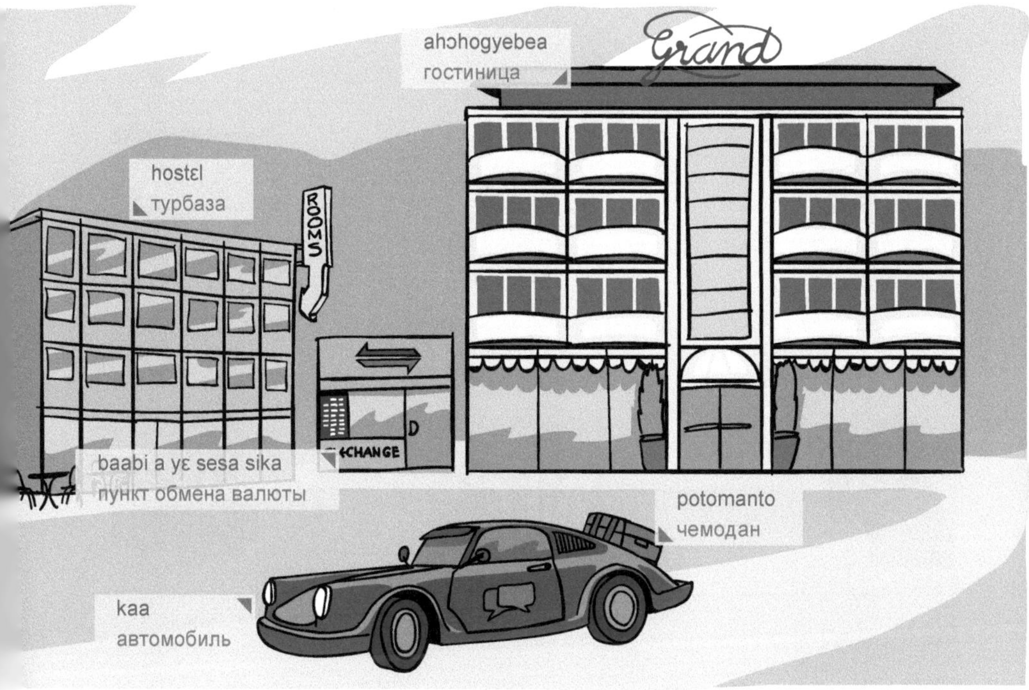

kasa
язык

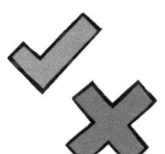

aane / dabi
да / нет

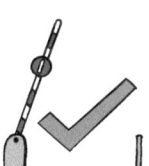

Yoo
хорошо

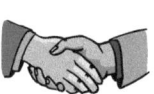

hɛlo
Привет

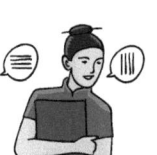

kasa asekyerɛfoɔ
переводчик

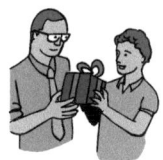

Medaase
Спасибо

...boɔ yɛ sɛn?

Сколько стоит...?

Me nte aseɛ

Я не понимаю

ɔhaw

проблема

Maadwo!

Добрый вечер!

Maakye!

Доброе утро!

Dayie!

Доброй ночи!

baibai o

До свидания

akwankyerɛ

направление

wo nneɛma

багаж

bɔtɔ

сумка

akyirebɔtɔ

рюкзак

ɔhɔhoɔ

гость

danmu

комната

bɔtɔ a yɛda mu

спальный мешок

ntomadan

палатка

nsɛm dema wɔn a wɔkɔ nsrahwɛ

туристическая информация

mpoano

пляж

kaade a yɛde yi sika

кредитная карточка

anɔpa aduane

завтрак

awua aduane

обед

anwumerɛ aduane

ужин

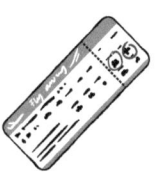

tiket

билет

pegya

лифт

stamp

почтовая марка

ɛhyeɛ so

граница

kutɔmfoɔ

таможня

embasi

посольство

visa

виза

passpɔt

паспорт

akɔneabadie
транспорт

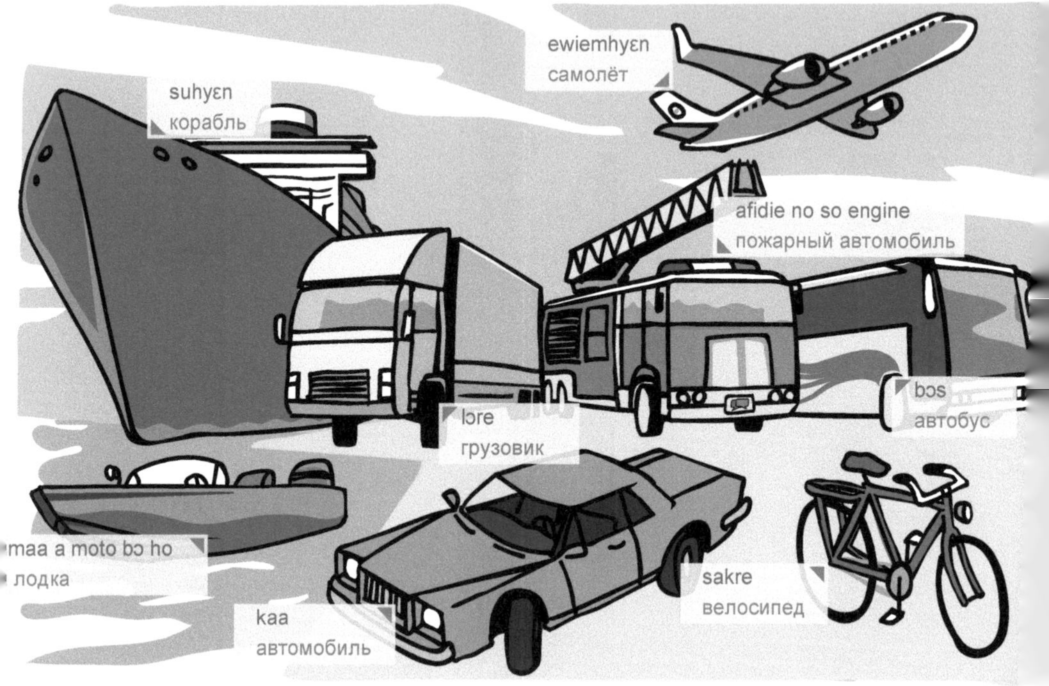

ewiemhyɛn
самолёт
suhyɛn
корабль
afidie no so engine
пожарный автомобиль
lɔre
грузовик
bɔs
автобус
maa a moto bɔ ho
лодка
sakre
велосипед
kaa
автомобиль

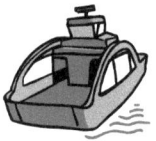

hyɛma
....
паром

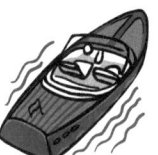

suhyɛn kumaa
....
лодка

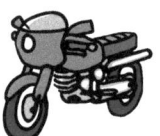

motosakre
....
мотоцикл

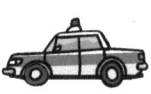

polisifoɔ kaa
....
полицейский автомобиль

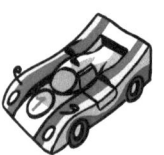

kaa a ɛkɔ mirika akansie
....
гоночный автомобиль

kaa a yɛde ma ahan
....
арендованный автомобиль

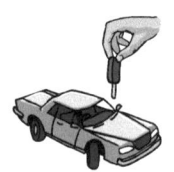

wɔre kyɛ kaa

совместное пользование
автомобилями

lɔre a asɛeɛ

буксировочный
автомобиль

bɔɔla kaa

мусоровоз

moto

двигатель

pɛtro

топливо

baabi a yɛbu pɛtro

заправка

trafik ahyɛnsodeɛ

дорожный знак

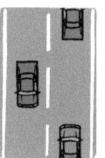

trafik

движение

trafik akye

пробка

baabi a yɛde kaa esi

автостоянка

keteke gyinabea

вокзал

keteke kwan

рельсы

keteke

поезд

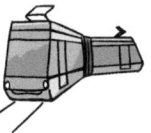

tram

трамвай

ponkɔ kaa

вагон

helikopta

вертолёт

ewiemhyɛnbea

аэропорт

abansoro

вышка

apasingyani

пассажир

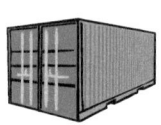

tontowa

контейнер

adaka

коробка

kaate

тележка

kɛntɛn

корзина

atu / asi fam

взлетать / приземляться

kuro kɛseɛ

город

akurase

деревня

kuro dwaberɛ mu

центр города

efie

дом

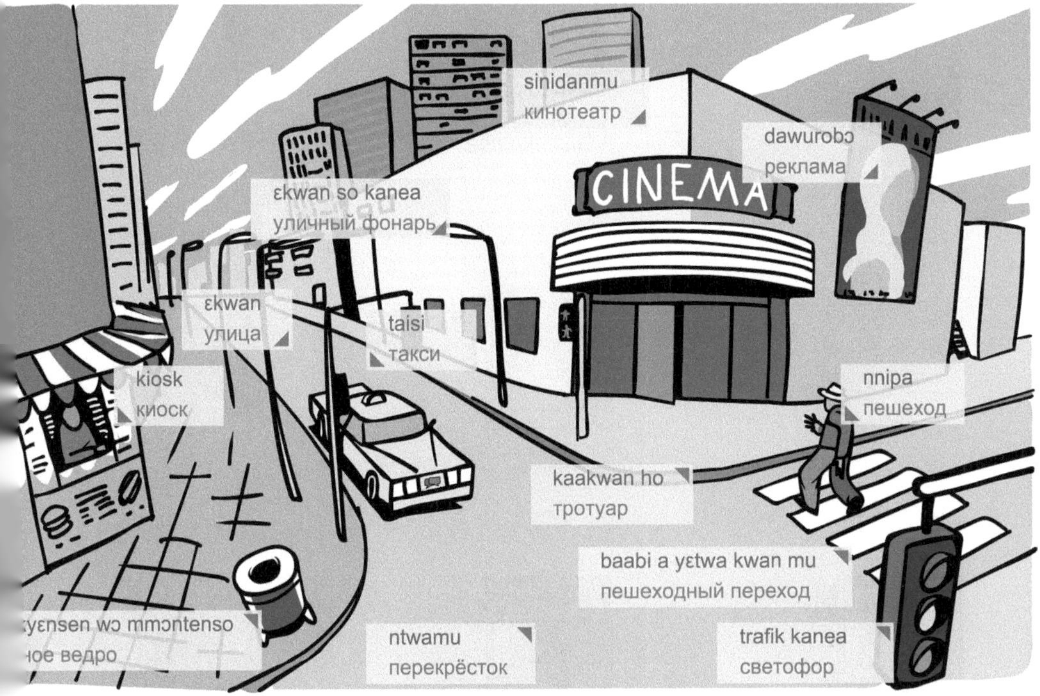

sinidanmu
кинотеатр

dawurobɔ
реклама

ɛkwan so kanea
уличный фонарь

ɛkwan
улица

taisi
такси

nnipa
пешеход

kiosk
киоск

kaakwan ho
тротуар

baabi a yɛtwa kwan mu
пешеходный переход

ɛyɛnsen wɔ mmɔntenso
ое ведро

ntwamu
перекрёсток

trafik kanea
светофор

apata

хижина

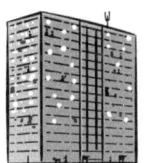

efie

квартира

keteke gyinabea

вокзал

adwaberɛm

ратуша

bea a yɛ kora tete nneɛma

музей

sukuu

школа

kuro kɛseɛ - город

suapɔn

университет

sikakrobea

банк

ayaresabea

больница

ahɔhogyebea

гостиница

famasi

аптека

asoeɛ

офис

sotɔɔ a wɔtɔn nwoma

книжный магазин

sotɔɔ

магазин

baabi yɛtɔn nhwiren

цветочный магазин

sotɔɔpɔn

супермаркет

edwam

рынок

sotɔɔ kɛseɛ

универмаг

baabi a yɛtɔn mpataa

торговец рыбой

dwadibea kɛseɛ

торговый центр

suhyɛn gyinabea

порт

baabi kaa gyina
парк

bɛnkye
скамейка

ɛtwene
мост

atwedeɛ
лестница

asaase ase
метро

ɛbɔn
тоннель

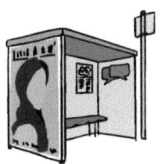

baabi a bɔs gyina
автобусная остановка

nsanombea
бар

adidibea
ресторан

lɛta adaka
почтовый ящик

ɛkwan so akwankyerɛ
табличка с названием
улицы

baabi kaa gyina ho mita
паркометр

zoo
зоопарк

nsuo a yɛ dware mu
бассейн

nkramodan
мечеть

afuo

ферма

deɛ egu mmɔnten so fi

загрязнение окружающей среды

asieɛ

кладбище

asɔre

церковь

agodibea

детская площадка

asɔre dan

храм

mmɔnten so asiesie
ландшафт

ahaban
лист

sanbɔd
дорожный указатель

kwan
дорога

asaase a ɛsere wɔ so
луг

boba
камень

dua
дерево

ɔnantefoɔ
путешественник

asubɔnten
река

ɛserɛ
трава

nhwiren
цветок

amenamu

долина

bepɔ

гора

tadeɛ

озеро

kwaeɛ

лес

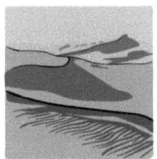

ɛserɛ so

пустыня

egya a efri botan mu

вулкан

abankɛseɛ

замок

nyankontɔn

радуга

emere

гриб

abɛtene

пальма

ntomntom

комар

tu

муха

ntɛtea

муравей

wowa

пчела

ananse

паук

amankuo

жук

apɔnkyerɛni

лягушка

opuro

белка

apɛsɛ

еж

adanko

заяц

patuo

сова

anomaa

птица

nsuo mu dabodabo

лебедь

kɔkɔte

кабан

adoa

олень

ɔtweenini

лось

dam

плотина

wind turbine afidie

ветряной генератор

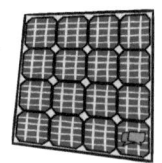

afidie a ɛkye awia

солнечная батарея

wiem nsakraeɛ

климат

adidibea
ресторан

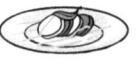

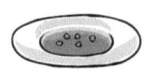

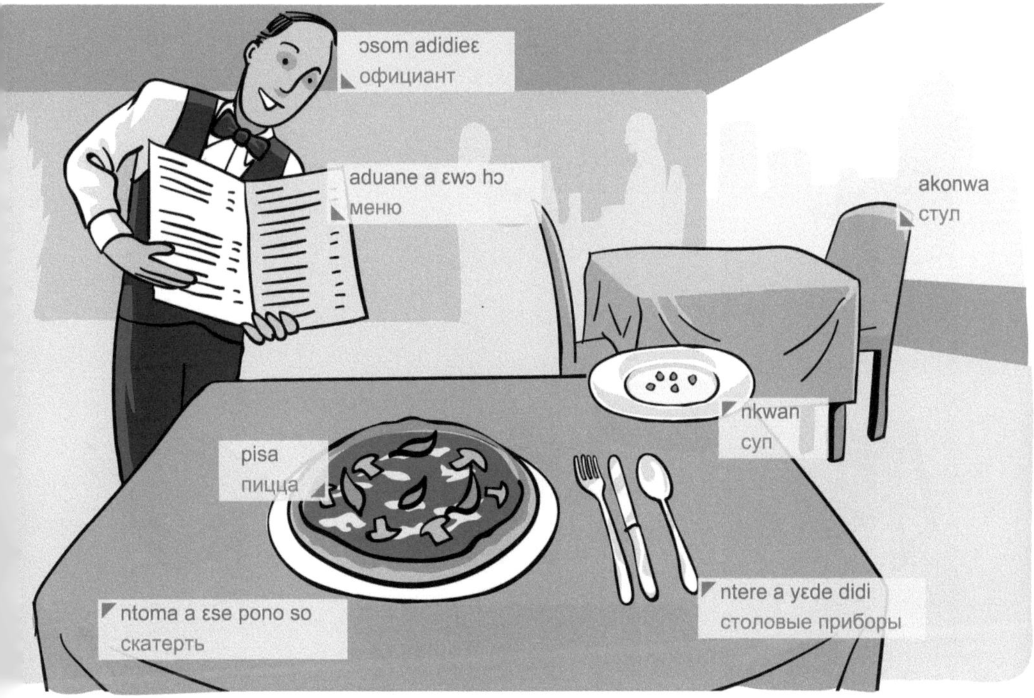

ɔsom adidieɛ
официант
aduane a ɛwɔ hɔ
меню
akonwa
стул
nkwan
суп
pisa
пицца
ntoma a ɛse pono so
скатерть
ntere a yɛde didi
столовые приборы

mprampra anom
закуска

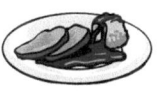

aduane no ankasa
главное блюдо

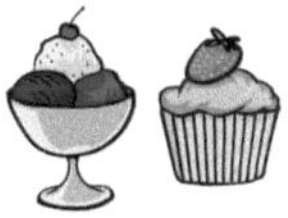

mpa anom
десерт

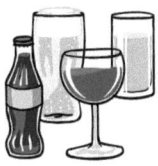

nsa
напитки

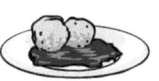

aduane
еда

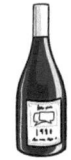

toa
бутылка

aduane hyewhyew

фастфуд

abɔnten so aduane

уличная еда

tii kukuo

чайник

asikyire konko

сахарница

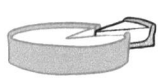

wo kyɛfa

порция

espresso afidie

кофеварка

akonwa tenten

детский стульчик

wo ka

счет

apanpan

поднос

sekan

нож

adinam

вилка

atere

ложка

atere ketewa

чайная ложка

napkin a yɛde pepa ano

салфетка

glase

стакан

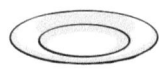

prɛte

тарелка

kwan kyɛnsee

суповая тарелка

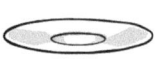

prɛte ketewa

блюдце

abomu

соус

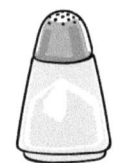

nkyene kukuo

солонка

yɛde yam mako

мельница для перца

fenega

уксус

anwa

масло

aduhwam

специи

kɛkyɔp

кетчуп

mustad

горчица

mayones

майонез

sotɔɔpɔn

супермаркет

ntesoɔ soronko
специальное предложение
FOR
adetɔfoɔ
покупатель
nanatwie nufusuo
молочные продукты
aduaba
фрукты
hwiili
тележка для покупок

BUTCHERS

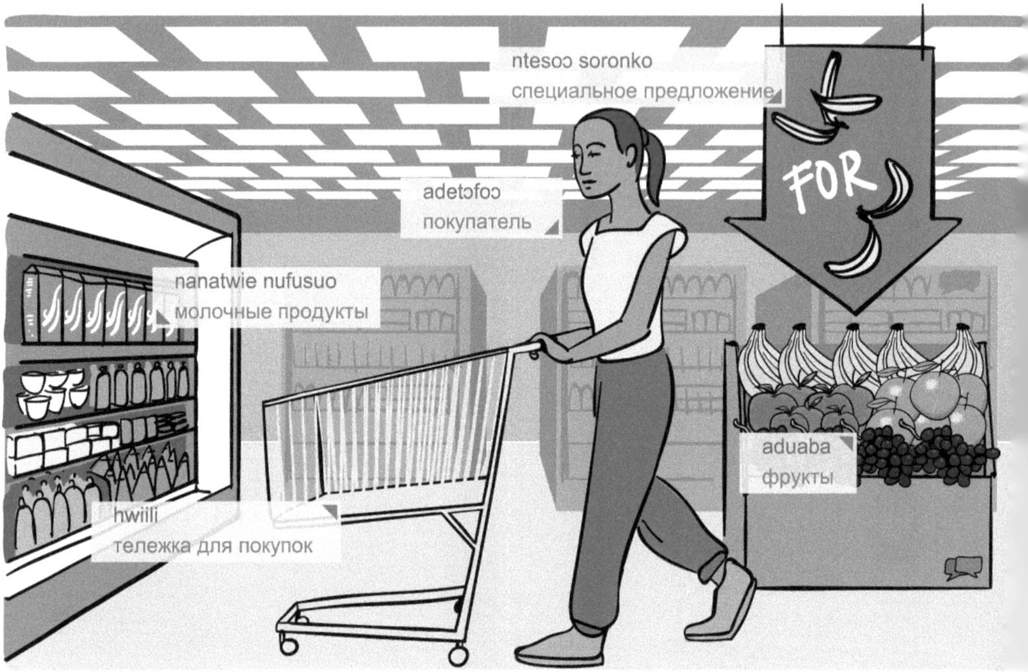

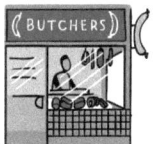

baabi a yɛtɔn nam

мясной магазин

BAKERY

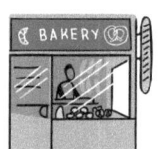

baabi a yɛtɔn paano

пекарня

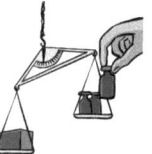

susu

взвешивать

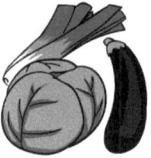

atosodeɛ

овощи

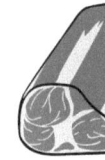

nam

мясо

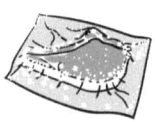

frigyemu aduane

быстрозамороженные продукты

nam a adwɔɔ

нарезка

kyɛnsee mu aduane

консервы

paoda samena

стиральный порошок

adedɔkɔdɔkɔ

сладости

efie nneɛma

предмет домашнего обихода

adetɔneɛ a yɛde pepa fin

моющее средство

nnipa a ɔtɔn adeɛ

продавщица

afidie a egye sika

касса

ɔgyegye sika

кассир

rataa a wodi rekɔ di dwa

список покупок

berɛ a wɔde bua

время работы

sikabɔtɔ

бумажник

kaade a yɛde yi sika

кредитная карточка

baage

сумка

rɔba baage

полиэтиленовый пакет

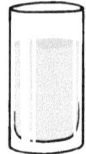

nsuo

вода

aduaba mu nsuo

сок

nufusuo

молоко

kok

кока-кола

wain nsa

вино

biya

пиво

mmorosa

алкоголь

kokoo

какао

tii

чай

kofe

кофе

espresso

эспрессо

kapukyino

капучино

kwadu

банан

apol

яблоко

ankaa

апельсин

melon

арбуз

akutoɔ

лимон

karɔt

морковь

garlik

чеснок

pampro

бамбук

gyeene

лук

mmere

гриб

nkateɛ

орехи

talia

лапша

spageti

спагетти

ɛmo

рис

salad

салат

kyipis

картофель фри

abrɔdwomaa a y'akye

жареный картофель

pisa

пицца

hambɔga

гамбургер

sanwekye

сэндвич

nam a dompe nnim

шницель

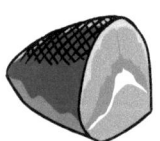

preko nam

ветчина

nam a y'ahata

салями

sɔsege

колбаса

akokɔ

курица

toto

жаркое

apataa

рыба

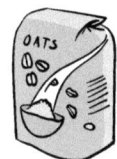

oosu koko

овсяные хлопья

muesli

мюсли

konflese

кукурузные хлопья

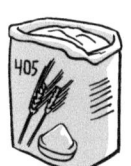

esam

мука

krossant

круассан

paano a y'abobɔ

булочка

paano

хлеб

paano a y'atoto

тост

biskete

печенье

bɔta

масло

nufusuo a ada

творог

keeke

пирог

kosua

яйцо

kosua a y'akyeɛ

яичница

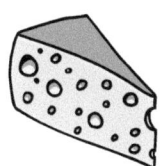

kyiis

сыр

asskrim

мороженое

asikyire

сахар

ɛwoɔ

мёд

gyaam

мармелад

kyokolete

крем с нугой

kɔri

карри

afuo

ферма

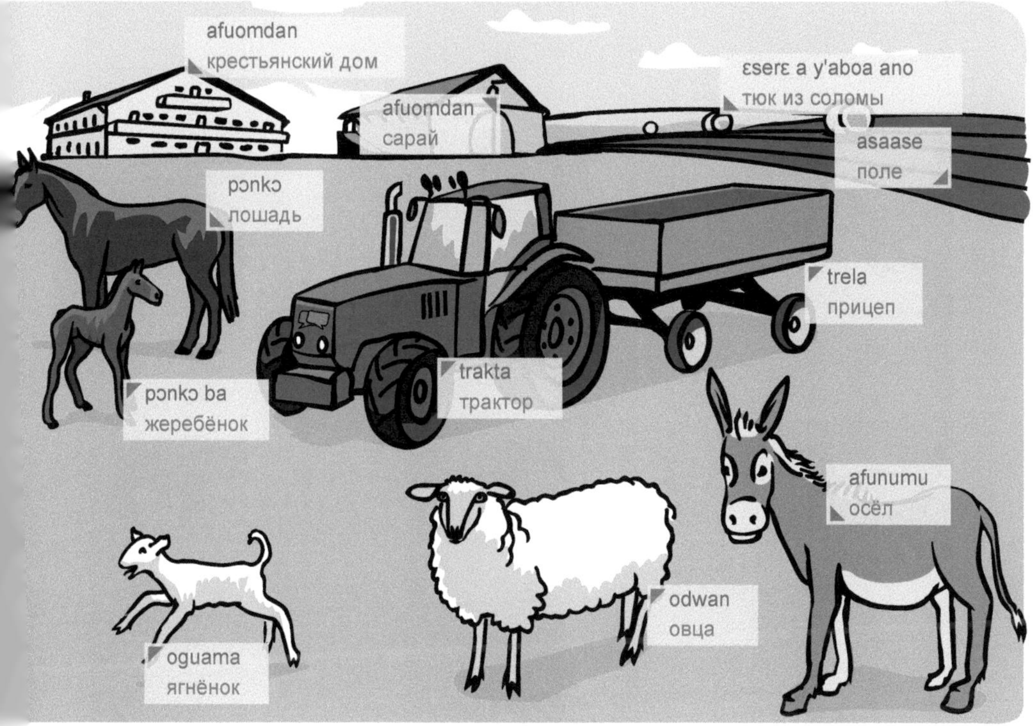
afuomdan
крестьянский дом
afuomdan
сарай
ɛserɛ a y'aboa ano
тюк из соломы
asaase
поле
pɔnkɔ
лошадь
trela
прицеп
trakta
трактор
pɔnkɔ ba
жеребёнок
afunumu
осёл
odwan
овца
oguama
ягнёнок

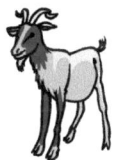

apɔnkye

коза

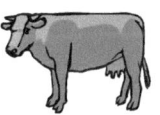

nantwie

корова

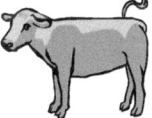

nantwie ba

телёнок

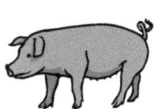

prɛko

свинья

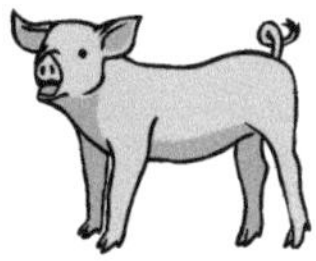

prɛko ba

поросёнок

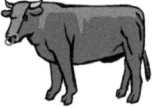

nantwinini

бык

dabodabo nua

гусь

dabodabo

утка

akokɔba

цыплёнок

akokɔbedeɛ

курица

akokɔnini

петух

kusie

крыса

ɔkra

кошка

akura

мышь

nantwinini

вол

kraman

собака

kraman buo

конура

afuom drobɛn

садовый шланг

tontora a yɛde gu nsuo

лейка

sekan a yɛde twa aburo

коса

funtum dadeɛ

плуг

kɔntɔnkrɔ

серп

asɔ

мотыга

afuom adinam

навозные вилы

akuma

топор

hweebaro

тачка

adidika

корыто

nufusuo konko

бидон для молока

bɔtɔ

мешок

ɛban

забор

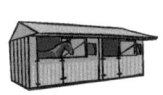

pɔnkɔ dan

хлев

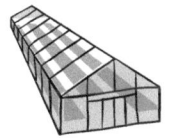

ntomadan a yɛyɛ mu afuo

теплица

anwea

почва

aba

посев

ɔyɛ asaaseyie

удобрение

otwaberɛ trakta

комбайн

afuo - ферма

twa

собирать урожай

otwaberɛ

урожай

bayerɛ

ямс

ayuo

пшеница

soya

соя

abrɔdwomaa

картофель

aburo

кукуруза

repu aba

рапс

dua a ɛso aba

фруктовое дерево

bankye

маниок

aburo asefoɔ

злаки

afuo - ферма

efie

дом

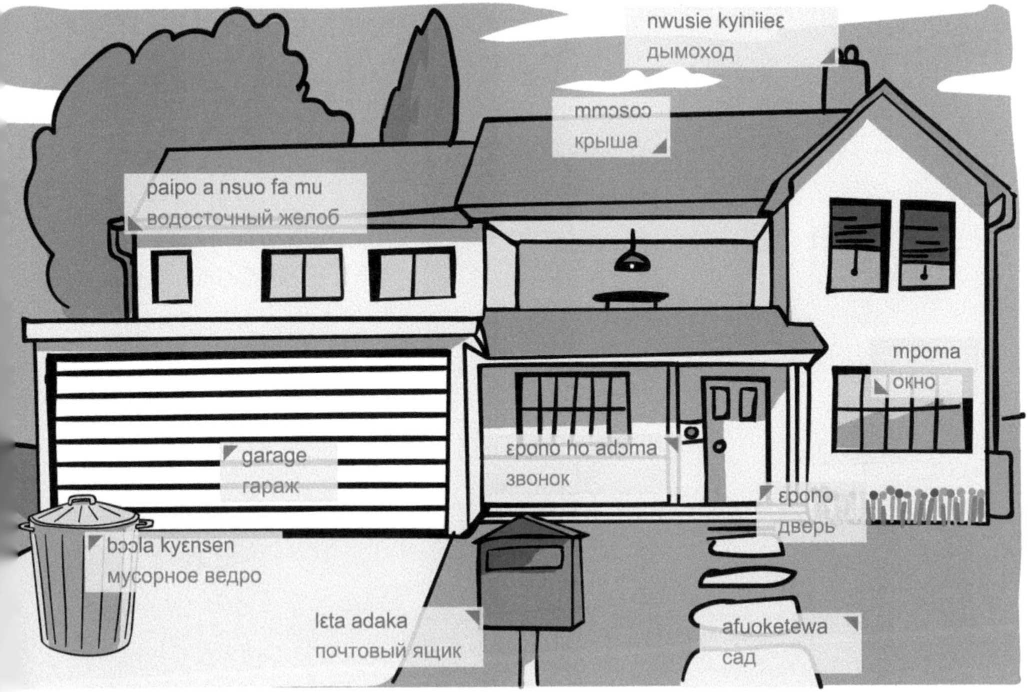

nwusie kyiniieɛ
дымоход
mmɔsoɔ
крыша
paipo a nsuo fa mu
водосточный желоб
mpoma
окно
garage
гараж
ɛpono ho adɔma
звонок
ɛpono
дверь
bɔɔla kyɛnsen
мусорное ведро
lɛta adaka
почтовый ящик
afuoketewa
сад

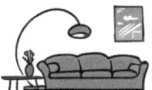

asaso

гостиная

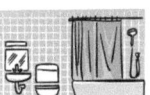

adwareɛ

ванная комната

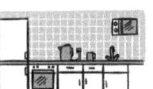

mukaase

кухня

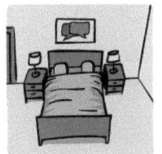

pie mu

спальня

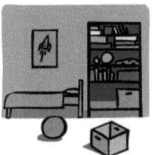

nkwadaa dan mu

детская комната

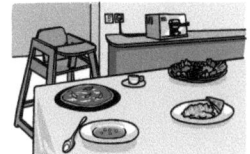

dan a yɛdidi mu

столовая

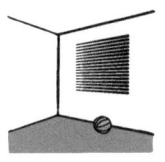

εfam

пол

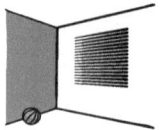

εban

стена

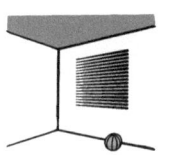

abruuso

потолок

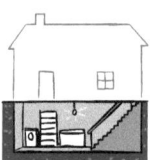

danbloo

подвал

adwereε a εbɔ ɔhyew

сауна

abranaa

балкон

abranaaso

терраса

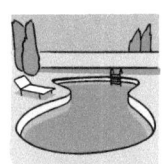

nsuo a yεdware mu

бассейн

afidie a yεde dɔ

газонокосилка

nsεfam

пододеяльник

ntoma a εse kεtε so

покрывало

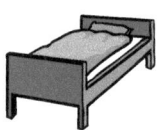

mpa

кровать

prayε

метла

bokiti

ведро

dane

выключатель

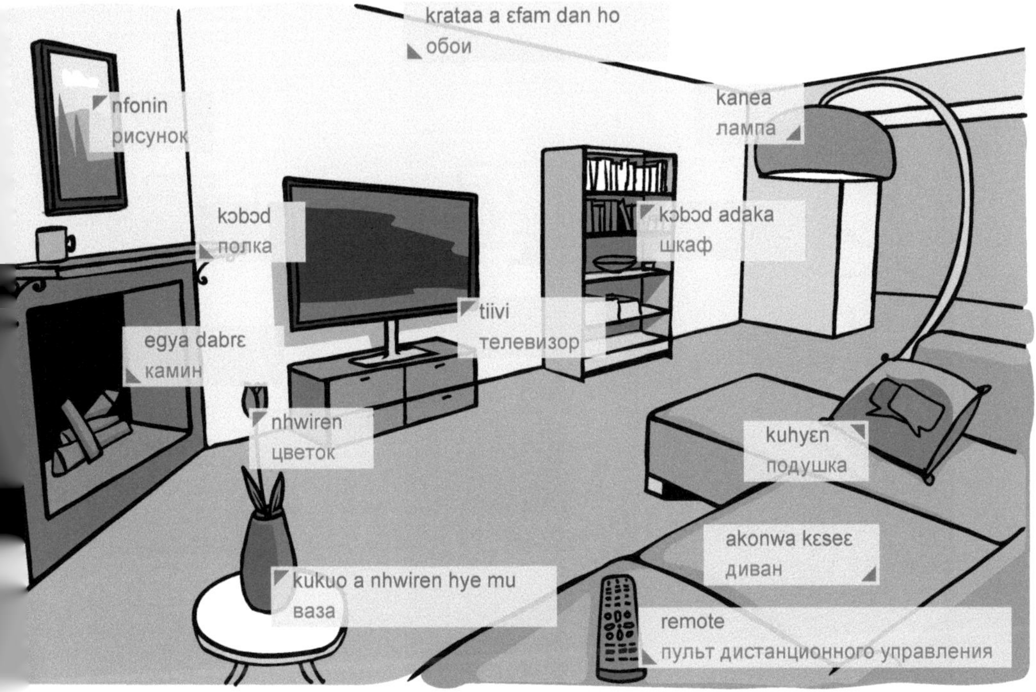

krataa a ɛfam dan ho
обои

nfonin
рисунок

kanea
лампа

kɔbɔd
полка

kɔbɔd adaka
шкаф

egya dabrɛ
камин

tiivi
телевизор

nhwiren
цветок

kuhyɛn
подушка

kukuo a nhwiren hye mu
ваза

akonwa kɛseɛ
диван

remote
пульт дистанционного управления

kapɛte

ковёр

ntwaa dan mu

штора

ɛpono

стол

akonwa

стул

akonwa a ehinhim

кресло-качалка

akonwa a yɛgyegye dan

кресло

nwoma

книга

kuntu

покрывало

dan mu nsiesie

украшение

egya

дрова

sini

фильм

wailɛs

стереосистема

safoa

ключ

koowaa krataa

газета

nfonin a y'adwi

картина

nfam danho

плакат

radio

радио

krataa a yɛ twere mu

блокнот

afidie a ɛprapra

пылесос

kaktus

кактус

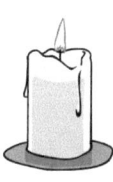

kyɛnere

свеча

mukaase

кухня

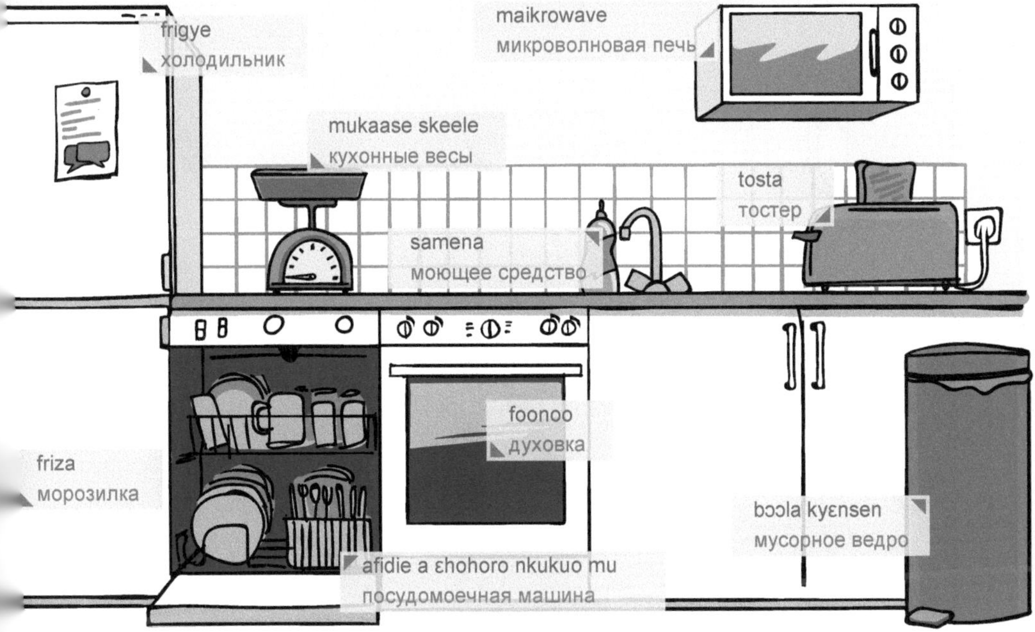

frigye
холодильник
maikrowave
микроволновая печь
mukaase skeele
кухонные весы
tosta
тостер
samena
моющее средство
foonoo
духовка
friza
морозилка
bɔɔla kyɛnsen
мусорное ведро
afidie a ɛhohoro nkukuo mu
посудомоечная машина

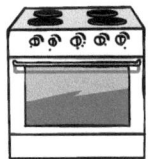

abɛɛfo bukyea

плита

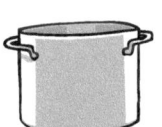

kokuo

кастрюля

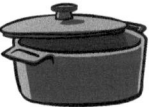

dadesɛn

чугунный котелок

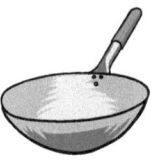

wok / kadai

вок / кадай

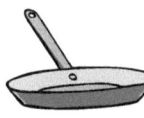

kyɛnsee

сковорода

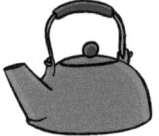

nsuo hyeɛ afidie

чайник

stiima

пароварка

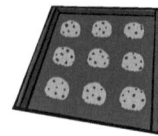

apa a yɛ to so adeɛ

противень

prɛte, kuruwa, ntere ne nea ɛkeka ho

посуда

kuruwa a etumi bɔ

кружка

kyɛnsee

миска

nnua a yɛde didi

палочки для еды

kwantre

половник

dua atere

лопатка

yɛde nu adeɛ mu

сбивалка

sɔneɛ

сито

fefe

сито

greta

тёрка

waduro

ступка

kyinkyinga

гриль

bukyea

костёр

εpono a yε twitwaso adeε

доска

εta

скалка

deε yεtu nsa so

штопор

konko

жестяная банка

deε yεde bue konko so

консервный нож

yεde sɔ kukuo mu

прихватка

sink

раковина

brɔhye

щетка

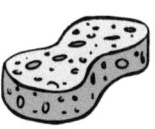

sapɔ

губка

aduane yam fidie

миксер

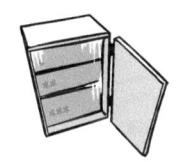

friza nini

морозильная камера

toa a abɔdoma nom ano

бутылочка для кормления

paipo

кран

adwareɛ

ванная комната

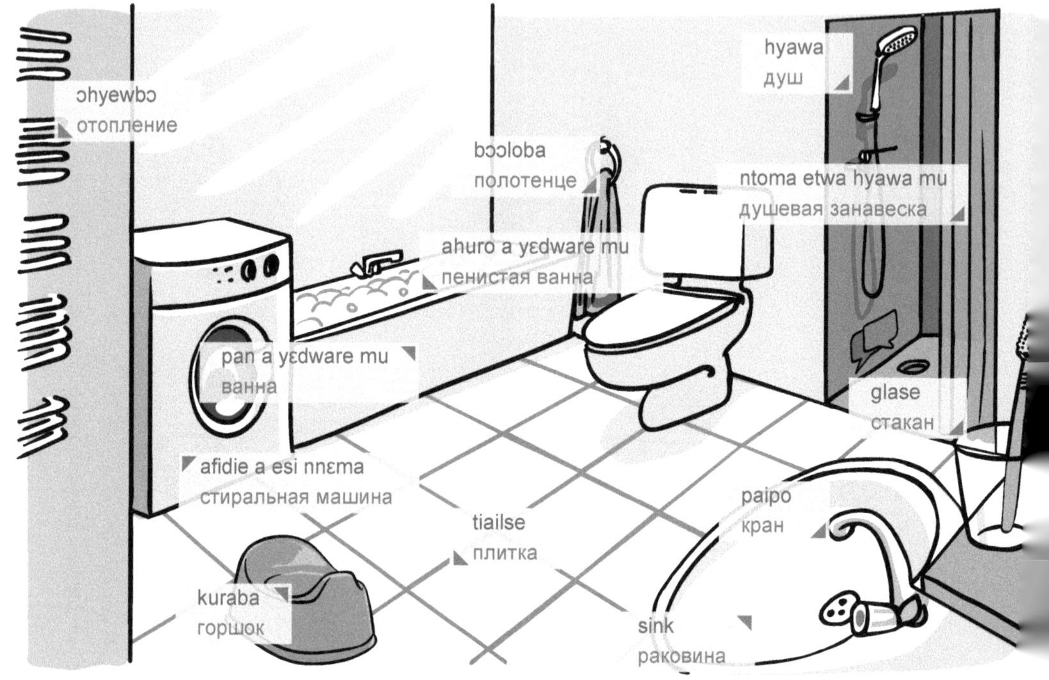

ɔhyewbɔ
отопление
bɔɔloba
полотенце
hyawa
душ
ntoma etwa hyawa mu
душевая занавеска
ahuro a yɛdware mu
пенистая ванна
pan a yɛdware mu
ванна
glase
стакан
afidie a esi nnɛma
стиральная машина
paipo
кран
tiailse
плитка
kuraba
горшок
sink
раковина

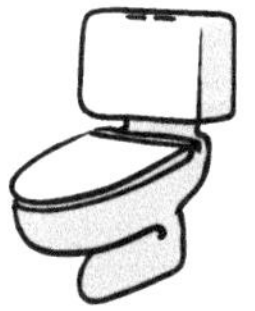

teɛfi

туалет

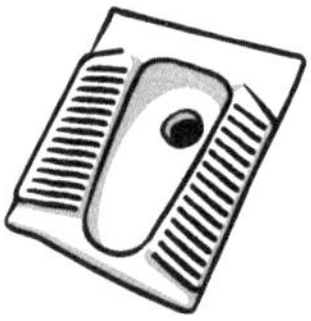

teɛfi a yɛ koto so

напольный унитаз

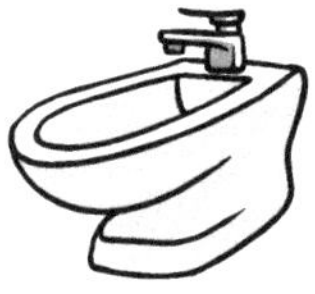

bidet teɛfi

биде

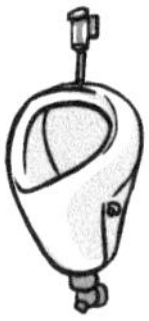

dwonsɔ dan

писсуар

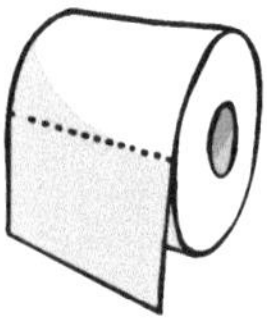

teɛfi so krataa

туалетная бумага

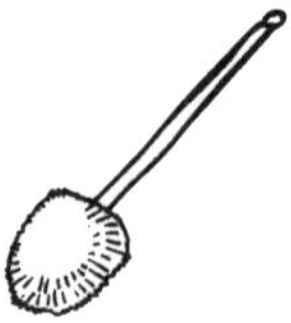

teɛfi so brɔhye

ершик

brɔhye a yɛde twitwiri see

зубная щетка

aduro a yɛde twitwiri see

зубная паста

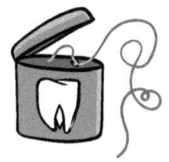

yɛde yiyi ɛsee mu

зубная нить

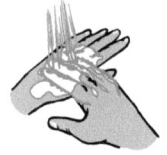

si

мыть

hyawa a yɛsɔ mu see

ручной душ

paipo a yɛde hohoro ananmu

интимный душ

bokiti

таз

brɔhye a wode dware w'akyi

щетка для спины

samena

мыло

hyawa samena

гель для душа

nsuo samena

шампунь

flanɛl ntoma

мочалка

baabi a nsu fa pue

сток

nku

крем

yɛde fefa amotoamu

дезодорант

ahwehwɛ

зеркало

ahwehwɛ a yɛsɔ mu

ручное зеркало

bled

бритва

ahuro a yɛde yi nwi

пена для бритья

aduro a yɛde fefa baabi a wo ayi nwi

лосьон после бритья

afen

расческа

brɔhye

щетка

afidie a ɛwo nwi

фен

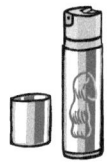

enwi sopre

лак для волос

pɔns

косметика

lipstike

губная помада

penti a yɛde mɔreɛ so

лак для ногтей

asaawa

вата

apasɔɔ a etwa mmɔreɛ

маникюрные ножницы

aduhwam

духи

adwareɛ baage

косметичка

edwa

табуретка

skele

весы

adwereɛ ataadeɛ

халат

rɔba a yɛde hyɛ nsa ho

резиновые перчатки

tampon

тампон

abɛɛfo amonsen

гигиеническая прокладка

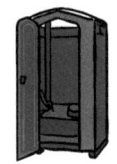

teɛfi a aduro gum

биотуалет

nkwadaa dan mu
детская комната

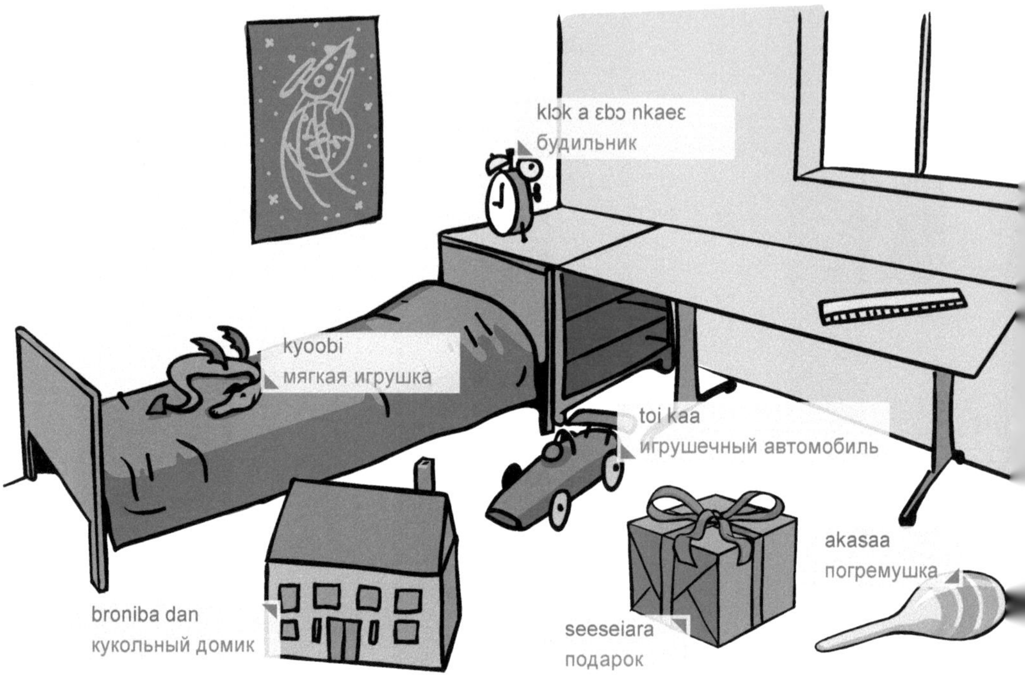

klɔk a ɛbɔ nkaeɛ
будильник

kyoobi
мягкая игрушка

toi kaa
игрушечный автомобиль

akasaa
погремушка

broniba dan
кукольный домик

seeseiara
подарок

baaluu

воздушный шар

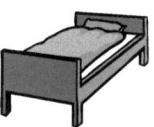

mpa

кровать

nkwadaa kaa

детская коляска

sopaa

карточная игра

gyiksɔɔ

пазл

nsɛnkwa

комикс

lego blɔg

кирпичики Лего

blɔg a yɛde si dan

кубики

nnipa ɔbɔhye

игрушечная фигурка

abɔdoma ataadeɛ

ползунки

frisbee

фрисби

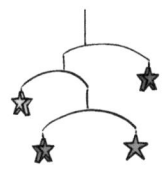

mobail

мобиле

ponoso agodie

настольная игра

daahye

кубик

nkwadaa keteke

модель железной дороги

koliko

соска

apontoɔ

вечеринка

nfonin nwoma

книга с картинками

bɔɔlo

мяч

broniba

кукла

di agorɔ

играть

anwea adaka

песочница

adonko

качели

tois

игрушка

video agodie apaawa

игровая приставка

sakre a ne nan mεεnsa

трёхколесный велосипед

kyoobi

плюшевый медвежонок

wɔdropo

шкаф для одежды

ntaadeε

одежда

sɔks

носки

stokens

чулки

sekentait

колготки

duku
шарф

kyiniɛ
зонтик

t-hyɛɛt
футболка

bɛlɛte
ремень

mpaboa
сапоги

kyalewate
тапки

kamboo
кроссовки

asopatre
....
сандалии

mpoboa
....
ботинки

rɔba mpaboa
....
резиновые сапоги

ɛtam
....
трусы

bra
....
бюстгальтер

singlɛte
....
майка

ntaadeɛ - одежда

45

nipadua

боди

trɔsa

брюки

gyins

джинсы

sekɛɛt

юбка

ɛsoro ataadeɛ

блузка

hyɛɛte

рубашка

nkatoho a ɛko awɔ

свитер

hoodie

свитер

koot

спортивная куртка

nkatasoɔ

жакет

nkatasoɔ

пальто

nsutɔ mu nkataho

плащ

dwumadie bi ho ataadeɛ

костюм

mmaa atadeɛ

платье

ayefrɔ ataadeɛ

свадебное платье

kootu

мужской костюм

mmaa ataadeɛ a yɛde da

ночная сорочка

pigyamas ataadeɛ

пижама

sari

сари

duku

платок

abotire

тюрбан

burka

паранджа

kaftan

кафтан

nkramofoɔ mmaa atadeɛ

абайя

...adeɛ a yɛde dware nsuo

купальник

asenemu ataadeɛ

плавки

nika

шорты

agokansie ntaadeɛ

спортивный костюм

akatasoɔ

фартук

nsa nkataho

перчатки

bɔtom

пуговица

sopɛɛse

очки

ahwneɛ

браслет

komadeɛ

цепочка

kawa

кольцо

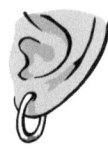

asomadeɛ

серьга

ɛkyɛ

шапка

yɛde koot sɛn so

вешалка

ɛkyɛ

шляпа

abɔmene mu

галстук

zip

застежка молния

ɛkyɛ denden

шлем

bresis

подтяжки

sukuu ataadeɛ

школьная форма

adwuma ataadeɛ

форма

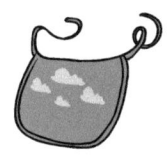

mmɔfra bib

детский нагрудник

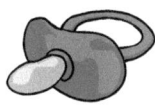

koliko

соска

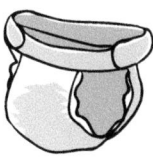

nkwadaa napken

подгузник

asoeɛ

офис

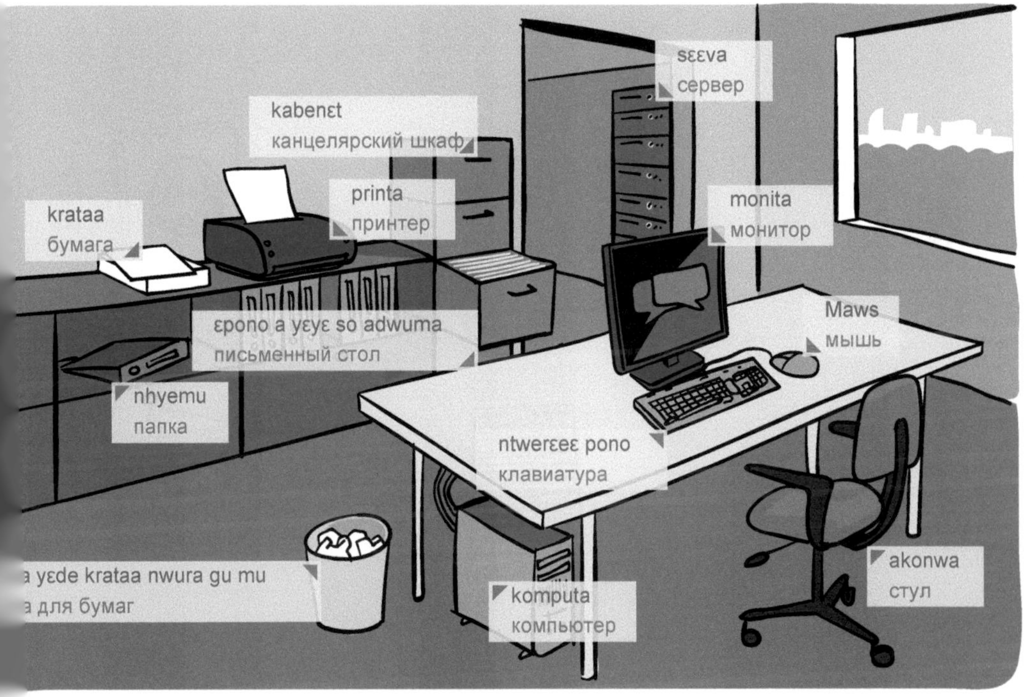

sɛɛva
сервер
kabenɛt
канцелярский шкаф
printa
принтер
monita
монитор
krataa
бумага
Maws
мышь
ɛpono a yɛyɛ so adwuma
письменный стол
nhyemu
папка
ntwerɛɛɛ pono
клавиатура
akonwa
стул
a yɛde krataa nwura gu mu
а для бумаг
komputa
компьютер

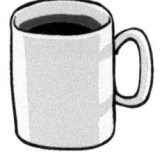

kɔfe kuruwa

кофейная кружка

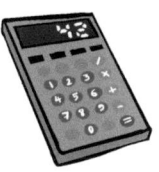

akontabuo fidie

калькулятор

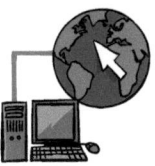

intanɛt

интернет

laptop

ноутбук

lɛta

письмо

nkratɔɔ

сообщение

mobail kasafidie

мобильный телефон

nɛtwɛke

сеть

fotokɔpi

ксерокс

softwɛɛ

программа

tetefon

телефон

sɔkɛt

розетка

faks afidie

факс

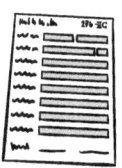

katraa

формуляр

nkrataa

документ

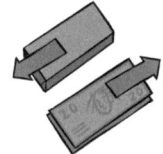

tɔ

покупать

tua

платить

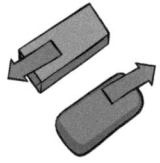

di dwa

торговать

sika

деньги

dollar

доллар

euro

евро

yen

иена

rubel

рубль

Swiss franks

франк

renminbi yuan

жэньминьби юань

rupii

рупия

baabi yɛtua sika

банкомат

baabi a yɛ sesa sika

пункт обмена валюты

sika kɔkɔɔ

золото

dwetɛ

серебро

now

нефть

ahoɔden

энергия

ne boɔ

цена

kontragye

договор

ɛtoɔ

налог

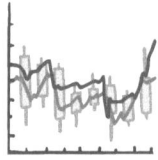

stɔk

акция

adwuma

работать

adwumayɛni

служащий

adwumawura

работодатель

mfididwuma mu

фабрика

sotɔɔ

магазин

nwuma ahodoɔ
профессии

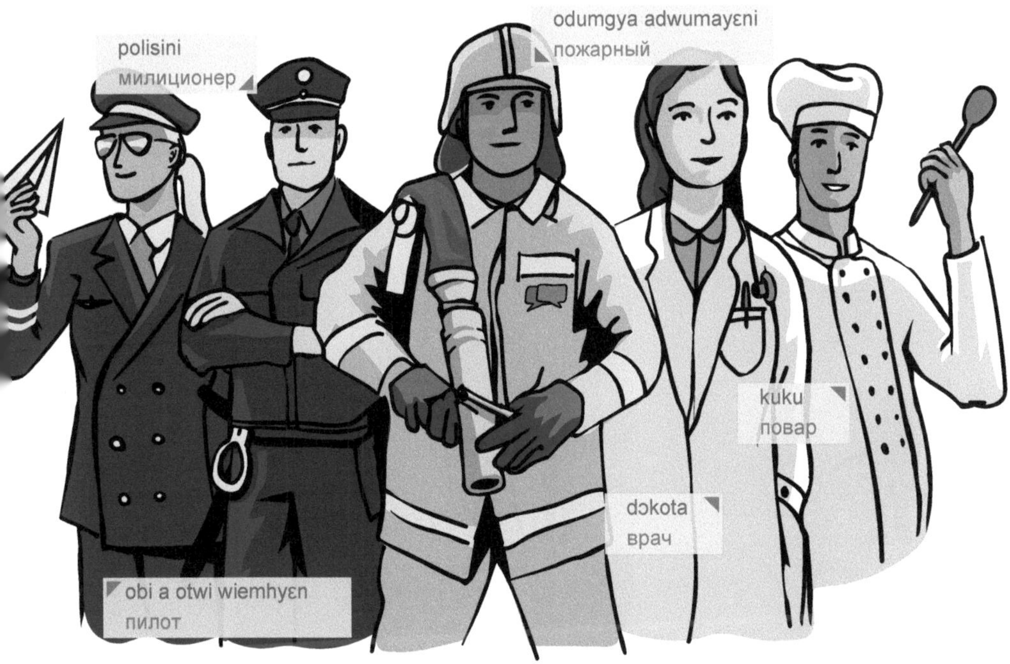

polisini
милиционер
odumgya adwumayɛni
пожарный
kuku
повар
dɔkota
врач
obi a otwi wiemhyɛn
пилот

ɔyɛ afuo

садовник

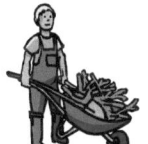

dua dwomfoɔ

столяр

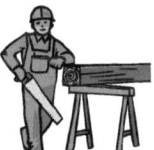

adepani baa

швея

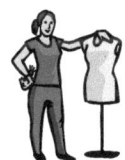

atɛnmuafoɔ

судья

ɔtɔn nnuro

химик

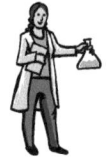

sini yɛfoɔ

актёр

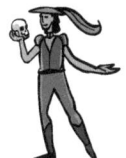

bɔs drɔba

водитель автобуса

taisi drɔba

таксист

ɔpofoɔ

рыбак

ɔbaa a osiesie fie

уборщица

ɔbɔdanso

кровельщик

ɔsom adidieɛ

официант

bɔmɔfoɔ

охотник

penta

художник

ɔto paano

пекарь

ɔyɛ nkaneɛ ho adwuma

электрик

ɔdansifoɔ

строитель

inginia

инженер

ɔdwa nam

мясник

plɔmba

сантехник

krataa manefoɔ

почтальон

sogyani

солдат

ɔdwi adan

архитектор

ɔgyegye sika

кассир

ɔtɔn nhwiren

флорист

ɔyɛ tire

парикмахер

meeti

кондуктор

fitani

механик

nnipa a otwi suhyɛn

капитан

ɛsee dɔkota

зубной врач

abɔdeɛ mu nimdefoɔ

ученый

rabi

раввин

kramo panin

имам

ɔsɔfo

монах

osɔfo

священник

anwenade
инструменты

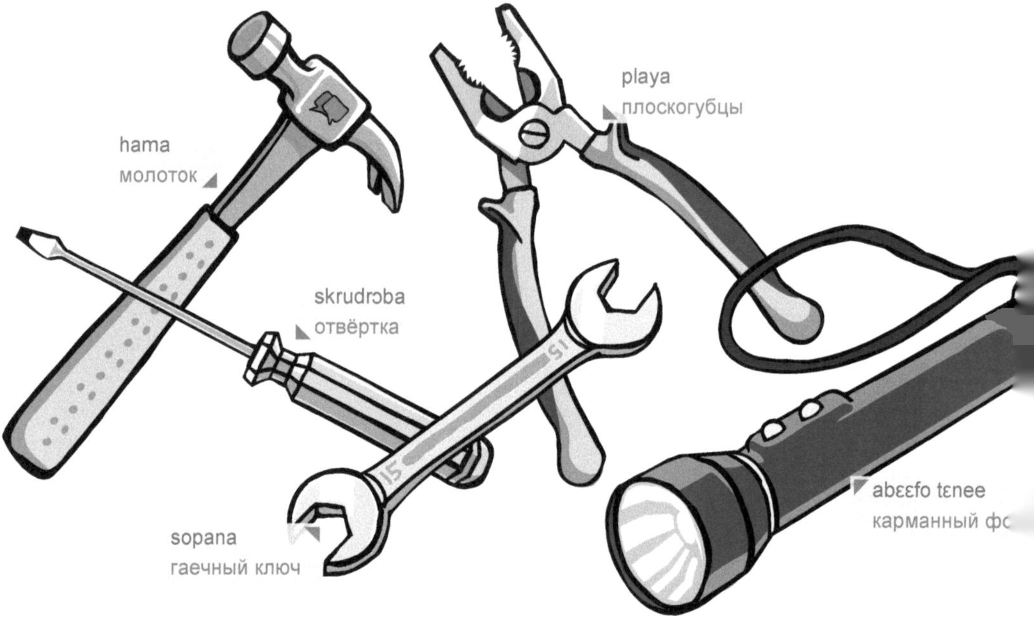
hama
молоток
playa
плоскогубцы
skrudrɔba
отвёртка
abɛɛfo tɛnee
карманный ф
sopana
гаечный ключ

otu amena
экскаватор

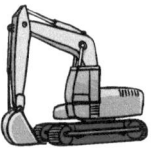

anwenade adaka
ящик для инструментов

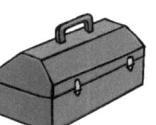

atwedeɛ
стремянка

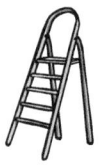

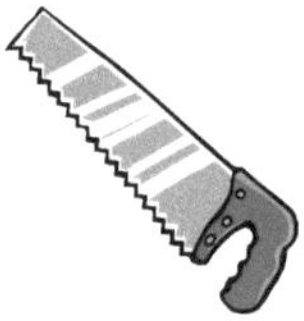
asradaa
пила

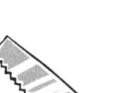

nnadewa
гвозди

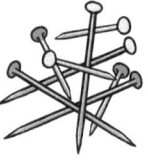

afidie a yɛde bɔne tokro
дрель

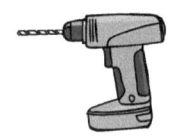

siesie

ремонтировать

sofi

лопата

Ebei!

Блин!

asanwura

совок

penti kukuo

ведро с краской

skruu

винты

nnɛɛma a yɛde bɔ nwom
музыкальные инструменты

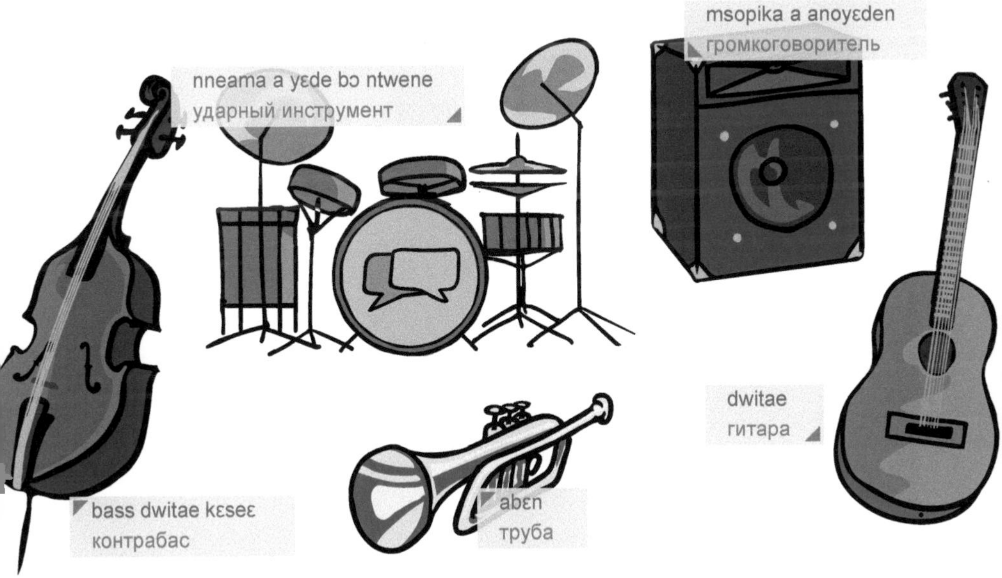

nneama a yɛde bɔ ntwene
ударный инструмент

msopika a anoyɛden
громкоговоритель

dwitae
гитара

bass dwitae kɛseɛ
контрабас

abɛn
труба

sankuo

пианино

ahoma sankuo

скрипка

bass dwitae

бас-гитара

atumpan

литавры

ntwene

барабан

ntwerɛeɛ apa

синтезатор

saksofon

саксофон

atentenbɛn

флейта

maikrofon

микрофон

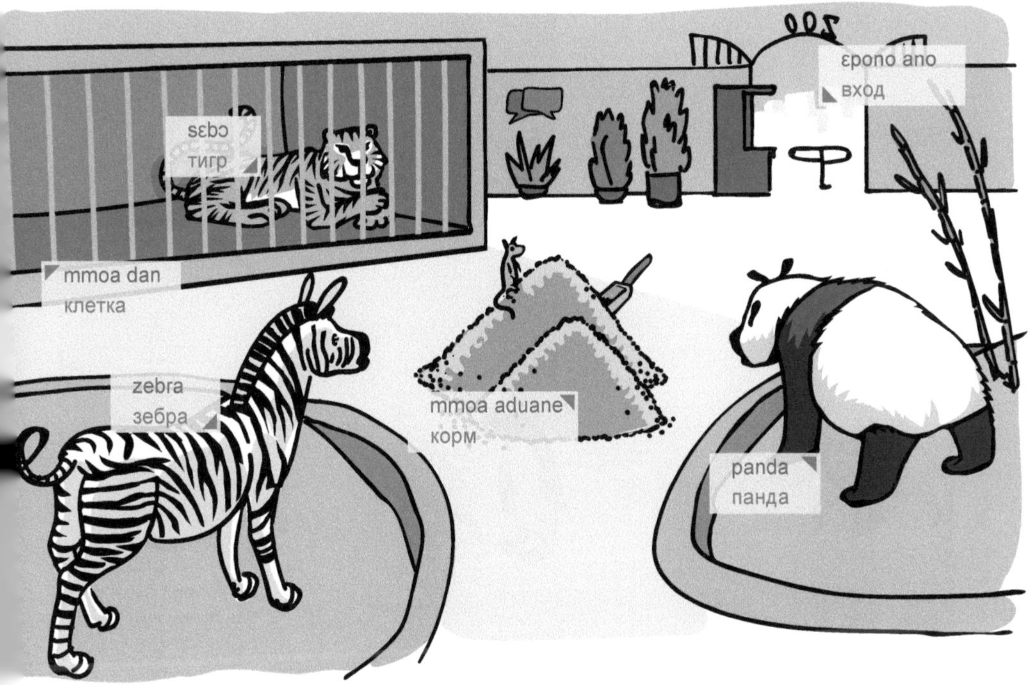

εροпо апо
вход

sɛbɔ
тигр

mmoa dan
клетка

zebra
зебра

mmoa aduane
корм

panda
панда

mmoa

животные

ɔsono

слон

kangaru

кенгуру

raino

носорог

akatea

горилла

sisire

медведь

afunupɔnkɔ

верблюд

sohori

страус

gyata

лев

adwee

обезьяна

flamingo

фламинго

ako

попугай

awɔ mu sisire

белый медведь

penguin

пингвин

oboodede

акула

akɔkonini abankwa

павлин

wɔwɔ

змея

dɛnkyɛm

крокодил

nnipa ɛhwɛ zoo so

служитель зоопарка

nsuo mu gyata

тюлень

sebɔ

ягуар

pɔnkɔ ba

пони

etwie

леопард

susuono

бегемот

kɔntenten

жираф

ɔkɔdeɛ

орёл

kɔkɔte

кабан

apataa

рыба

sudandan

черепаха

walrus

морж

sakraman

лиса

ɔtwee

газель

Amerikafoɔ futbɔɔlo
американский футбол

skre twie
езда на велосипеде

tennis
теннис

basketbɔɔlo
баскетбол

nsuom adwareɛ
плавание

akutruku
бокс

asukɔkyea so hɔki
хоккей

futbɔl
....
футбол

badmintin
....
бадминтон

mirikatuo
....
лёгкая атлетика

bɔɔlo a yɛde nsa bɔ
....
гандбол

skii
....
лыжный спорт

polo
....
поло

huri
прыгать

sere
смеяться

bam
обнимать

nante
идти

to dwom
петь

so daeɛ
мечтать

bɔ mpaeɛ
молиться

fe ano
целовать

twerɛ
писать

dwi
рисовать

kyerɛ
показывать

pia
нажимать

ma
давать

fa
брать

nya

иметь

yɛ

делать

yɛ

быть

gyina

стоять

tu mirika

бежать

twe

тянуть

to

бросать

tɔ fam

падать

da hɔ

лежать

twɛn

ждать

soa

носить

tenase

сидеть

hyɛ ataadeɛ

надевать

da

спать

nyane

просыпаться

hwɛ

рассматривать

su

плакать

san ho

гладить

nunum

причесывать

kasa

говорить

te aseɛ

понимать

bisa

спрашивать

tie

слушать

nom

пить

didi

кушать

yɛ nsiesie

наводить порядок

ɔdɔ

любить

noa

готовить

twi

ехать

tu

летать

fa nsuo so

ходить под парусом

sese

считать

kenkan

читать

sua

учиться

adwuma

работать

ware

вступать в брак

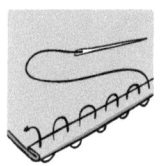

pam

шить

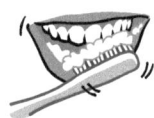

twitwiri wo se

чистить зубы

kum

убивать

nom gyɔt

курить

mane

отправлять

nana baa
бабушка

nana barima
дедушка

papa
папа

maame
мама

abɔdoma
младенец

ba baa
дочь

ba barima
сын

ɔhɔhoɔ

гость

sewaa

тетя

wɔfa

дядя

nua barima

брат

nua baa

сестра

nipadua

тело

moma
лоб
ani
глаз
anim
лицо
apantan
подбородок
nsatea
палец
nsa
кисть
abɛtire
плечо
nufoɔ
грудь
nsa
рука
ɛnan
нога

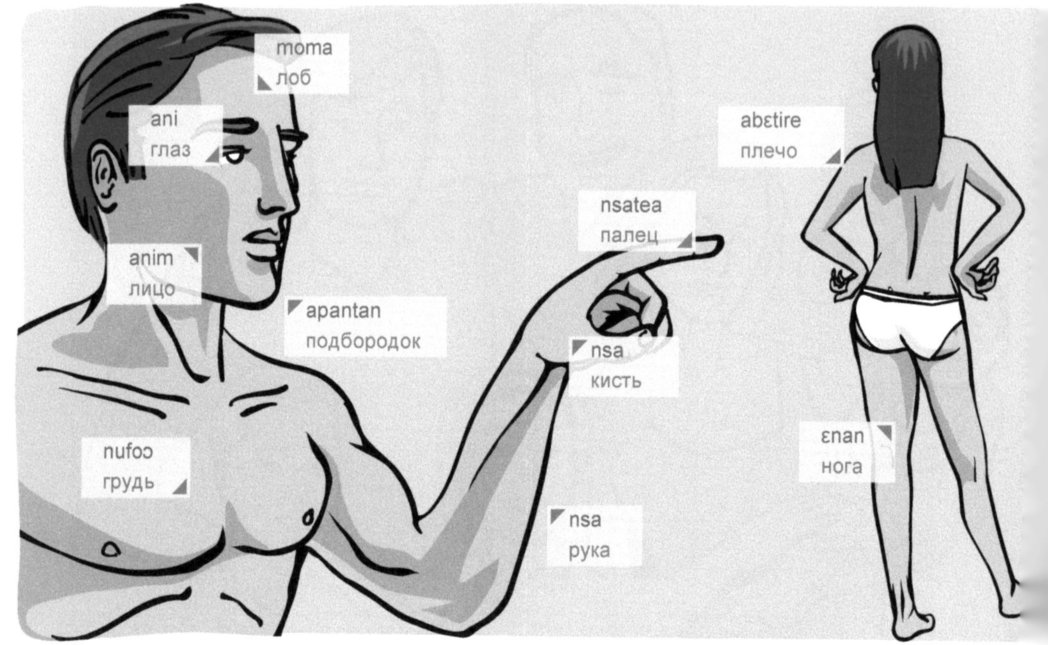

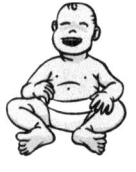

abɔdoma
младенец

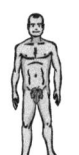

barima
мужчина

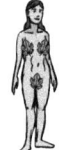

ɔbaa
женщина

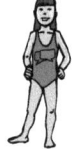

abayewa
девочка

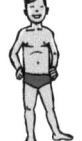

abarimawa
мальчик

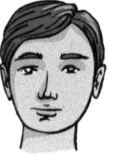

etire
голова

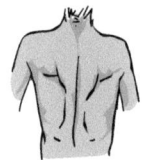

akyi

спина

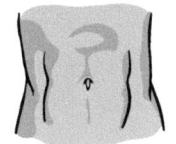

afro

живот

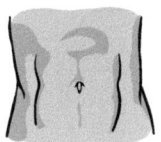

fruma

пупок

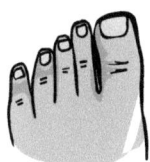

nansoa

палец ноги

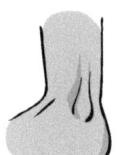

nantini

пятка

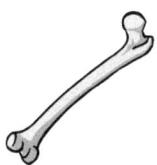

dompe

кость

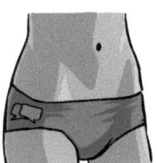

ataasɔ

бедро

kotodwe

колено

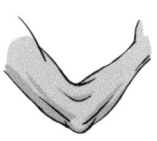

abatwɛ

локоть

ɛhwene

нос

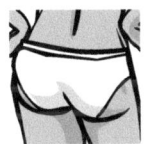

cotɔ

ягодицы

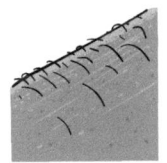

wedeɛ

кожа

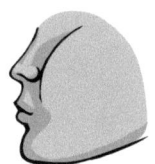

afono

щека

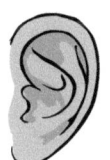

aso

ухо

ano

губа

anom

рот

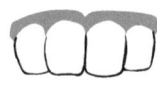

ɛsee

зуб

tɛkyerɛma

язык

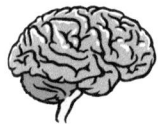

adwene

мозг

akoma

сердце

ntini

мышца

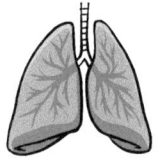

aharawa

лёгкое

brɛbɔɔ

печень

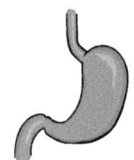

yafunu

желудок

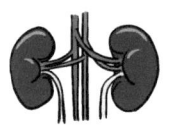

asaa

почки

nna

половой акт

kɔndɔm

презерватив

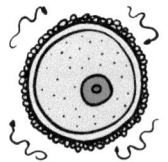

ɔbaa nkosua

яйцеклетка

barima ho nsuo

сперма

nyinsɛn

беременность

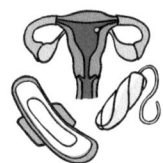

nsabuo

менструация

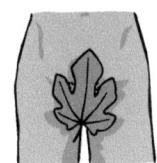

ɛtwɛ

вагина

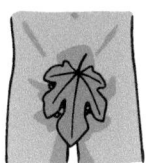

kɔteɛ

пенис

anintɔn

бровь

enwin

волосы

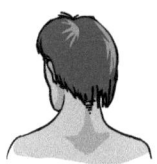

ɛkɔn

шея

ayaresabea

больница

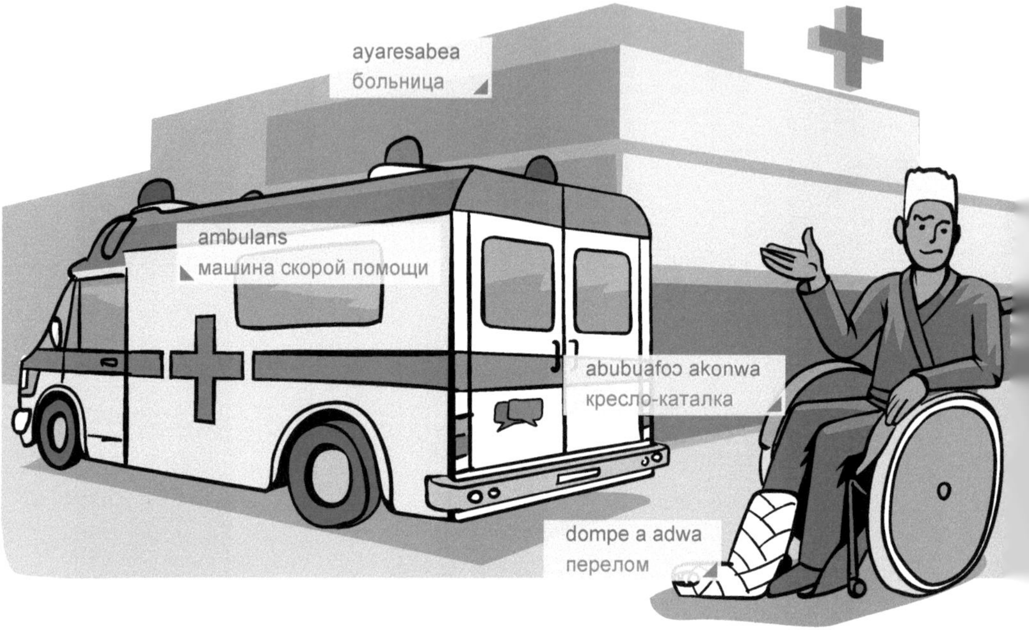

ayaresabea
больница
ambulans
машина скорой помощи
abubuafoɔ akonwa
кресло-каталка
dompe a adwa
перелом

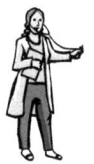

dɔkota

врач

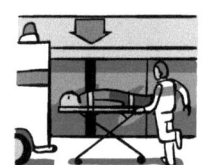

ɛdan a wɔde putupru nsɛm kɔmu

пункт первой помощи

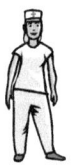

nɛɛse

медсестра

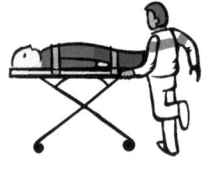

putupru

неотложный случай

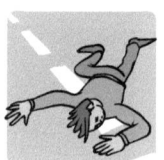

wɔ atwa ahwe

без сознания

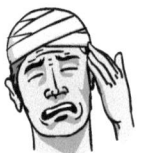

yea

боль

epira

повреждение

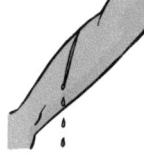

mogyatuo

кровотечение

akoma yarenini

инфаркт

stroke yareɛ

инсульт

allegyi

аллергия

ɛwa

кашель

ahɔɔhyeɛ

вышенная температура

papu

грипп

ayamtuo

понос

tipaeɛ

головная боль

kokoram

рак

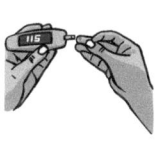

asikyire yareɛ

диабет

dokota a ɛyɛ ɔprehyɛn

хирург

skapɛl sekan

скальпель

aprehyɛn

операция

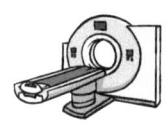

CT
....
КТ

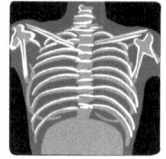

x-ray
....
рентген

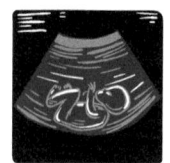

ultrasound
....
ультразвук

nkatanim
....
маска

yareɛ
....
болезнь

ɛdan a wɔ twɛn mu
....
приёмная

krɔhyes
....
костыль

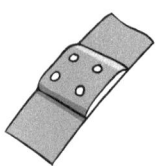

plasta
....
пластырь

banege
....
бинт

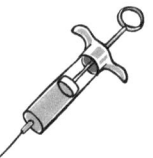

paneɛ
....
укол

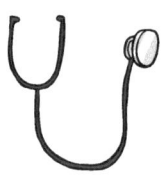

Stetoskop
....
стетоскоп

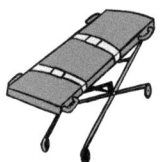

ahomankaa
....
носилки

afidie a esusu ahoɔhyeɛ
....
термометр

awoɔ
....
рождение

kɛseɛ mmorosoɔ
....
избыточный вес

afidie a ɛboa asɛmtie

слуховой аппарат

aduro a ekum mmoawa

дезинфекционное
средство

yareɛ a mmoawa deba

инфекция

vaarɔs

вирус

HIV / AIDS

ВИЧ / СПИД

aduro

лекарство

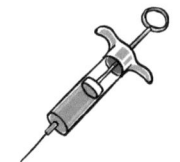

aduro a esi yareɛ ano

прививка

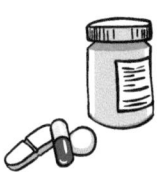

aduro tablɛte

таблетки

topaeɛ

противозачаточная
таблетка

ɔfrɛ wɔ putupru so

экстренный вызов

afidie a esusu mogya
mmrosoɔ

прибор для измерения
кровяного давления

yareɛ / apomuden

больной / здоровый

Boa me!

Помогите!

kɔkɔbɔ

сигнал тревоги

ɛbɔrɔ

нападение

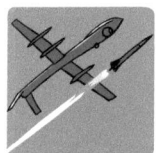

ato ahyɛ obi so

атака

ɛyɛ hu

опасность

baabi a yɛfa de pue putupru so

запасной выход

Ogya!

Пожар!

afidie a yɛde dumgya

огнетушитель

nkwanhyia

несчастный случай

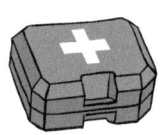

nneɛma yɛde so yareɛ ano

аптечка

SOS

SOS

polisi

милиция

Yuropo

Европа

Amerika atifi

Северная Америка

Amerika ananfɔ

Южная Америка

Abiberm

Африка

Asia

Азия

Australia

Австралия

Atlantik

Атлантический океан

Pasifek

Тихий океан

India po kɛseɛ

Индийский океан

Antaatek po keseɛ

Антарктический океан

Aatek po kɛseɛ

Северный Ледовитый
океан

Ewiase atifi

Северный полюс

Ewiase anaafoɔ

Южный полюс

Antaatek

Антарктика

Ewiase

земля

asaase

суша

ɛpo

море

supɔ

остров

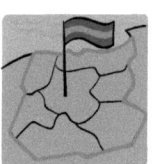

ɔman

нация

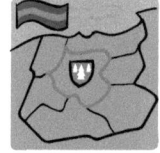

ɔman

государство

klɔko no anim

циферблат

dɔnhwere nsa no

часовая стрелка

sima nsa

минутная стрелка

anitɛtɛ nsa no

секундная стрелка

Abɔ sɛn?

Который час?

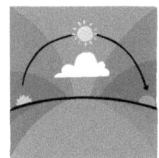

da .

день

berɛ

время

seeseiara

сейчас

wkye a nɔma wɔ so

электронные часы

sima

минута

dɔnhwere

час

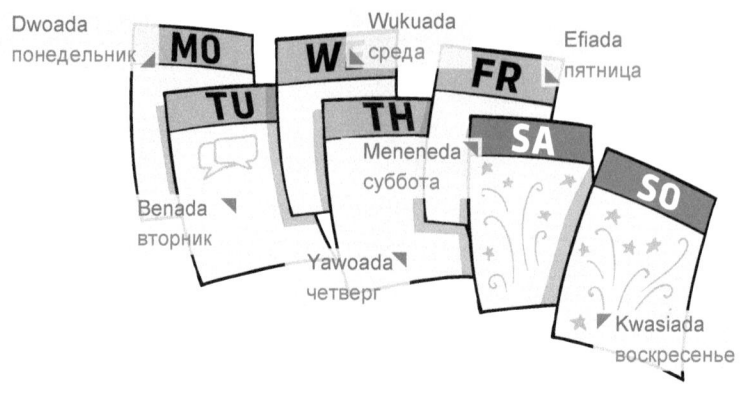

Dwoada
понедельник

Wukuada
среда

Efiada
пятница

Benada
вторник

Meneneda
суббота

Yawoada
четверг

Kwasiada
воскресенье

ɛnora

вчера

ɛnora

сегодня

ɔkyina

завтра

anɔpa

утро

prɛmtobrɛ

полдень

anwumerɛ

вечер

MO	TU	WE	TH	FR	SA	SU
1	2	3	4	5	6	7
8	9	10	11	12	13	14
15	16	17	18	19	20	21
22	23	24	25	26	27	28
29	30	31	1	2	3	4

adwuma nna

рабочие дни

MO	TU	WE	TH	FR	SA	SU
1	2	3	4	5	6	7
8	9	10	11	12	13	14
15	16	17	18	19	20	21
22	23	24	25	26	27	28
29	30	31	1	2	3	4

nnawɔtwe awieɛ

выходные

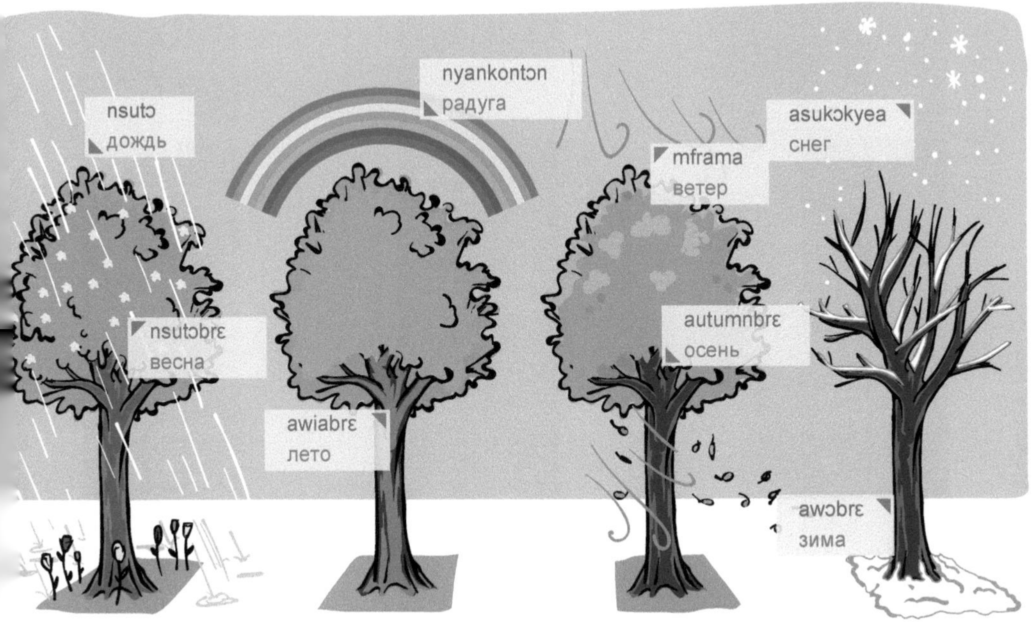

nsutɔ
дождь

nyankontɔn
радуга

asukɔkyea
снег

mframa
ветер

nsutobrɛ
весна

awiabrɛ
лето

autumnbrɛ
осень

awɔcbrɛ
зима

4.APRIL	11°	
5.APRIL	4°	
6.APRIL	13°	
7.APRIL	8°	
8.APRIL	10°	

ewiem nsakrɛeɛ

прогноз погоды

afidie a esusu ade ho hyeɛ

термометр

awiabɔ

солнечный свет

munukum

туча

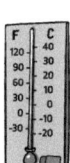

ɛbɔ

туман

ewiem nsuo

влажность воздуха

ayerɛmo

молния

apranaa

гром

ehum

буря

asukɔkyea

град

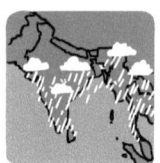

monsoonbrɛ

муссон

nsuyiri

наводнение

aise

лёд

ɔpɛpɔn

январь

ɔgyefoɔ

февраль

ɔbɛnem

март

Oforisuo

апрель

Kotonimaa

май

Ayɛwohomumu

июнь

Kitawonsa

июль

ɔsanaa

август

afe - год

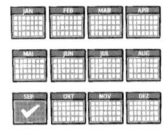

εbɔ

....

сентябрь

Ahinime

....

октябрь

Obubuo

....

ноябрь

ɔpεnimaa

....

декабрь

abosuo

формы

kanko

....

круг

sokwεε

....

квадрат

rεktangel

....

прямоугольник

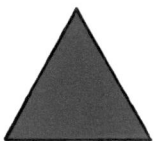

triangel

....

треугольник

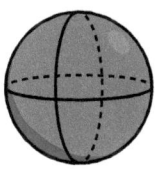

krukruwa

....

шар

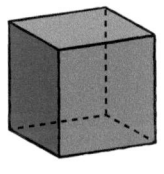

adaka

....

куб

fitaa

белый

akokɔ sradeɛ

желтый

ankaa

оранжевый

pink

розовый

kɔkɔɔ

красный

pɛpol

лиловый

bruu

синий

ahaban mono

зелёный

braun

коричневый

nson

серый

tuntum

черный

pii / ketewa

много / мало

wo boafu / wɔ adwo

яростный / мирный

ɛyɛ fɛ / ɛyɛ tan

красивый / уродливый

ahyɛseɛ / awieɛ

начало / конец

kɛseɛ / esua

большой / маленький

ɛha / esum

светлый / темный

nuabarima / nuabaa

брат / сестра

ɛho te / ayɛ fin

чистый / грязный

awie / enwieɛ

полный / неполный

awia / anadwo

день / ночь

awu / ɛte ase

мёртвый / живой

emubae / ɛyɛ tea

широкий / узкий

yɛde /yɛnni

съедобный / несъедобный

bɔne / tema

злой / дружелюбный

wɔ aniagye / wɔ ani nka

взволнованный /
скучающий

ɔso / teatea

толстый / худой

edikan / etwatoɔ

сначала / в конце

adamfoɔ / atamfo

друг / враг

ayɛ mma / hwee nim

полный / пустой

ɛdenden / mmerɛ mmerɛ

твёрдый / мягкий

ɛyɛ duru / ɛyɛ ha

тяжёлый / легкий

ɛkɔm / nsukɔm

голод / жажда

yareɛ / apomuden

больной / здоровый

etia mmara / ɛwɔ mmara mu

незаконный / законный

nyansa / gyimi

умный / глупый

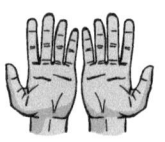

benkum / nifa

слева / справа

ɛbɛn / akyire

близко / далеко

foforɔ / dada

новый / подержанный

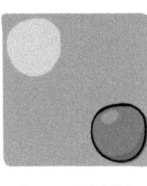

hwee / biribi

ничто / нечто

wɔ anyini/ ɔsua

старый / молодой

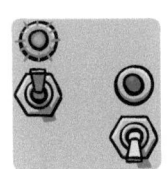

sɔ /dum

включено / выключено

bue / tom

открыто / закрыто

dinn / dede

тихо / громко

ɔdefoɔ / ohia

богатый / бедный

nifa / benkum

правильный /
неправильный

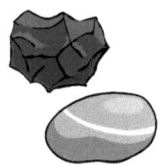

werewerɛwerewerɛ /
trontron

шероховатый / гладкий

awerɛhoɔ / anigyeɛ

эчальный / счастливый

tietia / tenten

короткий / длинный

nyaa / ntɛm

медленный / быстрый

afɔ / awɔ

мокрый / сухой

dedɛɛdeɛɛ / adwo

тёплый / прохладный

akoo / asomdweɛ

война / мир

0

hwee

ноль

1

baako

один

2

mienu

два

3

meɛnsa

три

4

ɛnan

четыре

5

enum

пять

6

nsia

шесть

7

nson

семь

8

nwɔtwe

восемь

9

nkron

девять

10

edu

десять

11

du-baako

одиннадцать

12
du-mienu

двенадцать

13
du-meɛnsa

тринадцать

14
du-nan

четырнадцать

15
du-num

пятнадцать

16
du-nsia

шестнадцать

17
de-nson

семнадцать

18
du-nwɔtwe

восемнадцать

19
du-nkron

девятнадцать

20
aduonu

двадцать

100
ɔha

сто

1.000
apem

тысяча

1.000.000
ɔpepem

миллион

Brɔfo

английский

Amerikafoɔ Brɔfo

американский английский

Chainfoɔ Mandarin

мандаринский китайский

Hindi

хинди

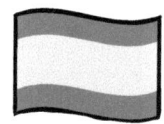

Spainfoɔ kasa

испанский

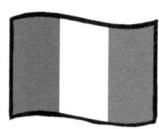

French kasa

французский

Arabia kasa

арабский

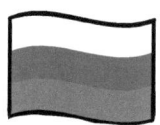

Russianfoɔ kasa

русский

Portugalfoɔ kasa

португальский

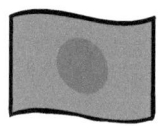

Bengali

бенгальский

Germanfoɔ kasa

немецкий

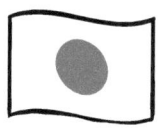

Japanfoɔ kasa

японский

Me

я

wo

ты

ono

он / она / оно

yɛn

мы

wo

вы

ɔmmo

они

hwan?

кто?

deɛ bɛn?

что?

ɛyɛ deɛn?

как?

ehen?

где?

dabɛn?

когда?

edin

имя

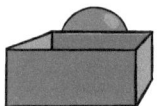

akyire

за

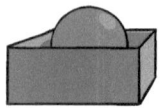

emu

в

anim

перед

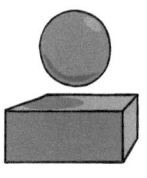

εsoro

над

εso

на

aseε

под

nkyεn

рядом

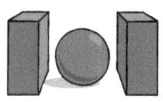

ntεm

между

beaε

место